HAMBURGER! RICETTARIO COMPLETO

Oltre 50 ricette facili e veloci per cucinare in casa

Lorena Farris

Tutti i diritti riservati.

Disclaimer

SOMMARIO

INTRODUZIONE

Appena si parla di fast food demonizziamo velocemente questo tipo di cibo e quando siamo a dieta sconsigliamo vivamente di consumarlo perché le calorie in questo tipo di cibo esplodono.

Ma dici a te stesso: "ma ci sono diet coke, insalate, persino pesce". Quindi, cos'è? Possiamo conciliare hamburger e dieta? Couchette & Bikini ha deciso di mettere a tacere alcune idee ricevute.

COMPOSIZIONE DI UN HAMBURGER

Contrariamente a quanto si potrebbe pensare, non è il famoso hamburger che fa ingrassare, tutt'altro ma al contrario le salse che si possono aggiungere, le grandi quantità di patatine fritte e soprattutto la velocità con cui si mangia.

Per essere più precisi, l'hamburger è così composto: pane, carne, sugo e qualche piccola verdura incastrata tra cipolle, pancetta (a volte) e altri cibi non sempre leggerissimi.

A prima vista, questo prodotto di consumo sembra una vera bomba calorica. Ma come la pizza, non ti rende grasso come potresti pensare, dipende tutto da cosa ci metti e da cosa la mangi.

LE REGOLE PER UN BUON BURGER

Prima di tutto sappi che è possibile fare il tuo hamburger e rispettare determinate regole.

In effetti, è più consigliabile preparare il tuo hamburger perché sai esattamente cosa c'è dentro e le quantità. Se possibile, non mangiare il tuo hamburger con patatine fritte, conservale per un altro pasto a base di carne magra o pesce, ad esempio.

Non esitate a incorporare carne magra, pollo o una bistecca tritata al 5% di grassi.

Infine, mangia lentamente in modo che il corpo assimili il cibo e sia presente la sensazione di pienezza. Mangia un hamburger a pranzo piuttosto che alla sera, se possibile, per una migliore digestione.

CREA IL TUO BURGER

Per ottimizzare gli effetti della tua dieta, puoi preparare il tuo hamburger. Ecco una ricetta di esempio:

Scegli carne con il 5% di grasso invece del 15% e otterrai l'equivalente di un cucchiaio d'olio. Acquista bistecche surgelate e biologiche, se possibile.

Prova a incorporare verdure grigliate come pezzetti di peperoni o fette di melanzane o pezzetti di pomodorini. Le erbe aromatiche hanno sempre il loro effetto: prezzemolo, erba cipollina, scalogno, basilico forniranno antiossidanti naturali.

Per l'insalata, invece della tradizionale lattuga grassa, prendi la lattuga di agnello ricca di Omega-3, spinacini o rucola.

Per la salsa, contrariamente a quanto si crede, si consiglia il ketchup (soprattutto se non contiene grassi, da vedere in etichetta) ma la salsa migliore dal punto di vista nutrizionale è la salsa salsa.

Per il pane: scegliere pani ai cereali, integrali ma soprattutto non bianchi che hanno un alto indice glicemico e che non saziano.

Infine, se possibile, evita le patatine fritte che sono il principale apporto di grassi e concentrati sulle verdure.

BANH-MI BURGER SENZA ALCUN HACK

Porzioni: 4

INGREDIENTI

- 200 g di tofu affumicato
- 80 ml di salsa Hoisin
- Five Spice Powder (Chinese Spice Mix)
- Sale pepe
- 1 cucchiaino di olio di sesamo tostato
- 3,5 cucchiai di aceto di vino bianco
- 2 carote spesse
- zucchine strette
- 1/2 peperoncino rosso
- Cipollotto
- 4 gambi di coriandolo
- 4 ° panino

- 4 cucchiaini di maionese (variante vegana, vedi suggerimento sotto)
- Pergamena

PREPARAZIONE

Tagliare il tofu a ca. Fette spesse 1 cm. Tagliare leggermente le fette trasversalmente. Mettere tra carta da cucina piegata in due e appesantire con una tavola, lasciare asciugare per ca. Cinque minuti.

Nel frattempo, mescola la salsa hoisin, 1/2 cucchiaino di polvere di cinque spezie, l'olio di sesamo e 1/2 cucchiaino di aceto per la marinata. Girare le fette di tofu nella marinata e disporle una accanto all'altra su una teglia foderata di carta da forno. Cuocere in forno preriscaldato (forno elettrico: 200 ° C / forno ventilato: 180 ° C) per circa 15-20 minuti fino a quando le fette di tofu saranno leggermente caramellate.

Per le verdure, pelare o lavare le carote e le zucchine e tagliarle o affettarle a listarelle molto fini. Mescola 1 cucchiaino di sale, 2 cucchiaini di zucchero e 3 cucchiai di aceto. Mescolate con le verdure in una ciotola, lasciate in infusione. Lavate i peperoni e tagliateli a fettine sottili (togliete i noccioli se vi piace). Lavate il cipollotto e tagliatelo in diagonale a rondelle sottili. Lavate il coriandolo.

Tagliare i panini, non tagliarli completamente. Spennellare le superfici tagliate con la maionese. Mescolare i cipollotti, i peperoncini e il coriandolo nelle strisce di verdure. Riempi gli involtini con il tofu al forno.

SUGGERIMENTO: per ca. 300 g di maionese vegana: mettere 100 ml di latte di soia, 1 spicchio d'aglio tritato, 2 cucchiaini di senape di Digione, 1 cucchiaio di aceto di vino bianco, 200 ml di olio di semi di girasole, $\frac{1}{2}$ cucchiaino di zucchero, un po 'di sale e pepe in una ciotola alta. Mescolare con un frullatore a immersione per 1-2 minuti fino a ottenere un composto denso e cremoso. Può essere conservato in frigorifero per almeno 2 settimane.

BURGER DI FORMAGGIO DI CAPRA CON PATATA DOLCE

Porzioni: 4

INGREDIENTI

- 800 g di patate dolci
- Sale pepe
- 2 gambi di menta
- Lime biologico
- cucchiaio di panna per insalata (23% di grassi)
- 100 g di Crème lègère
- 1 cucchiaio di mirtilli rossi in gelatina
- cipolla
- spicchio d'aglio
- un cucchiaio da tavola di burro
- Uovo (taglia M)
- 250 g di farina (+ possibilmente di più)

- 50 g di foglie di lattuga (es. Romani)
- 100 g Rotolo di formaggio di capra morbido
- 4 panini

PREPARAZIONE

Pelate e lavate le patate dolci, tagliatele a dadini grossolanamente e fatele cuocere coperte in 250 ml di acqua salata per circa 20 minuti. Scolare e schiacciare le patate dolci e lasciar raffreddare per 10-15 minuti.

Lavate la menta, staccate le foglie e tritatele. Lavate il lime in acqua calda, strofinate la buccia, tagliate a metà la frutta e strizzatela per metà. Mescolare insieme la panna per insalata, la menta, 2-3 cucchiaini di succo di lime e la scorza, condire con sale e pepe. Mescolare delicatamente la crema légère e i mirtilli rossi.

Sbucciare la cipolla e l'aglio, tagliare a dadini finemente e far rosolare in 1 cucchiaio di burro caldo fino a quando non diventano traslucidi. Salate e pepate il composto di patate. Incorporare il composto di cipolle, l'uovo e la farina (se il composto è ancora troppo morbido, impastare la farina con un cucchiaio). Forma la miscela in 4 polpette. Scaldare 2 cucchiai di burro, friggere le polpette per circa 10 minuti, girandole.

Lava la lattuga. Tagliate il formaggio a fette. Tagliare a metà il panino orizzontalmente, spennellare le metà inferiori con crema alla menta e guarnire con un'insalata. Coprite le polpette con il formaggio di capra e fatele sciogliere sulla griglia calda per circa 2 minuti.

Coprire le metà del rotolo preparato con polpette di patate dolci e crema di mirtilli rossi.

CAMEMBERT BURGER

Porzioni: 4

INGREDIENTI

- 2 confezioni (200 g ciascuna) Camembert al forno congelato con mirtilli rossi
- Pera
- 30 g di lattuga di agnello
- Cipolla rossa
- 4 cucchiai di panna acida
- 1 cucchiaio di miele liquido
- 1 cucchiaino di senape mediamente calda
- 4 rotoli di pretzel
- Pergamena

PREPARAZIONE

Preriscaldare il forno (fornello elettrico: 200 ° C / forno ventilato: 180 ° C), adagiare il formaggio su una teglia rivestita di carta da forno e cuocere in forno preriscaldato per circa 15 minuti. Scongela i mirtilli rossi. Lavare la pera, tagliarla a spicchi sottili. Lavate la lattuga, pelate la cipolla e tagliatela a listarelle. Mescolare insieme cipolla, lattuga e mirtilli rossi.

Mescolare insieme la panna acida, il miele e la senape. Tagliare a metà il panino nel senso della lunghezza. Spennellare le metà inferiori con panna acida, spalmare sopra l'insalata di mirtilli rossi e gli spicchi di pera. Metti 2 Camembert su ciascuno, metti il coperchio.

BURGER PICCANTE DI ZUCCA CON MENTONE DI POMODORO

Porzioni: 4

INGREDIENTI

- 800 g di zucca Hokkaido
- 3 gambi di timo
- Sale, pepe, zucchero
- 3 cucchiai di olio d'oliva
- 250 g di pomodorini
- cipolle rosse piccole
- cucchiaio di aceto balsamico
- 50 g di rucola
- 4 ° involtini scuri (ad esempio involtini di patate)

- 200 g Camembert o formaggio di capra a pasta molle
- Pergamena

PREPARAZIONE

Preriscaldare il forno (forno elettrico: 220 ° C / forno ventilato: 200 ° C). Lavare la zucca, tagliarla a metà, togliere il torsolo e tagliarla a spicchi sottili. Lavate il timo e privatelo delle foglie. Mescolare la zucca con timo, sale, pepe e 2 cucchiai d'olio. Infornare su una teglia rivestita di carta da forno nel forno preriscaldato per circa 15 minuti

Nel frattempo lavate i pomodori e tagliateli a metà. Pelate la cipolla, tagliatela a dadini e fatela soffriggere in 1 cucchiaio di olio d'oliva caldo per circa 1 minuto. Cospargere 1 cucchiaio di zucchero e lasciarlo caramellare. Aggiungere i pomodori, versare l'aceto e cuocere a fuoco lento per circa 2 minuti.

Lavate la rucola e scolatela bene. Taglia a metà il panino. Tagliate il formaggio a fettine sottili. Coprite le metà del panino. Sfornare la zucca, accendere la griglia del forno e grigliare le metà del panino per ca. 2 minuti. Guarnire con chutney di pomodoro, spicchi di zucca e rucola.

BURGER VEGGIE CON PANINO DI MELANZANE

Porzioni: 4

INGREDIENTI

- 2 scalogni
- 2 spicchi d'aglio
- 7 cucchiai di olio d'oliva
- + 1 cucchiaino di olio d'oliva
- 2 lattine (425 ml ciascuna) Fagioli rossi
- 100 g di farina
- Sale, pepe, curry in polvere, cumino macinato
- 2 melanzane
- 4 fogli di lattuga iceberg
- 100 g di ketchup
- 1,5 cucchiai di sciroppo d'agave
- 200 g di pane bianco

- Cetriolo
- 1 mazzetto di ravanello
- 6 gambi di menta
- 4 cucchiai di aceto di vino bianco
- 1 cucchiaino di senape mediamente calda

PREPARAZIONE

Per le polpette, sbucciare e tagliare a dadini lo scalogno e l'aglio. Scaldare 1 cucchiaino di olio, rosolarli entrambi finché non diventano trasparenti. Risciacquare e scolare i fagioli. Impastare con il mix di farina e scalogno. Condite con sale, pepe e curry. Formare 4 polpette piatte, raffreddare.

Mondate e lavate le melanzane, tagliatele a fettine e aggiustate di sale. Lavare le foglie di lattuga e scuotere per asciugarle. Mescola il ketchup, 1/2 cucchiaio di sciroppo d'agave e 1 cucchiaino di cumino.

Strappa il pane bianco per l'insalata. Scaldare 2 cucchiai di olio in una padella e tostare il pane fino a renderlo croccante. Lavate e mondate il cetriolo e tagliatelo a fettine sottili. Pulire i ravanelli, separare le foglie di ravanello e lavarli entrambi. Tagliare a quarti i ravanelli. Lavate la menta, asciugatela e tritatela grossolanamente con le foglie di ravanello.

Mescolare l'aceto, 1 cucchiaio di sciroppo d'agave, senape, sale e pepe, incorporare 4 cucchiai di olio e mescolare con tutti gli ingredienti dell'insalata preparati.

Riscaldare una bistecchiera, spalmare con 1 cucchiaio d'olio e friggere prima le polpette e poi le melanzane per circa 3 minuti per lato. Unire le melanzane, le foglie di lattuga, le polpette e la salsa per fare gli hamburger, servire con l'insalata.

BURGER DI FAGIOLI ALLA GRIGLIA

Porzioni: 4

INGREDIENTI

- 2 lattine (425 ml ciascuna) Fagioli rossi
- 200 g di carote
- Cipolla rossa
- Spicchi d'aglio
- 1 cucchiaino di peperoncino in scaglie
- Sale pepe
- 50 g di farina
- 150 g di maionese vegana
- pomodori
- 2 gambi di basilico
- 2 cucchiai di olio
- 4 panini per hamburger vegani

- 1 cucchiaio di Ajvar (pasta speziata piccante)
- Farina per girare
- Foglio di alluminio

PREPARAZIONE

Mettete i fagioli in uno scolapasta, lavateli e scolateli bene. Mondate, pelate e grattugiate finemente le carote. Pelare la cipolla e l'aglio e tritarli finemente. Metti da parte circa metà dell'aglio. Frullare gli ingredienti preparati e condire con fiocchi di peperoncino e sale. Impastare la farina. Formare il composto in 4 focacce grandi e spesse delle dimensioni dei panini per hamburger. Aggiungere la farina, eliminare la farina in eccesso e raffreddare i tortini per circa 1 ora.

Mescolare l'aglio messo da parte con la maionese vegana, condire con sale e pepe. Lavate, mondate e affettate i pomodori. Lavate il basilico, asciugatelo e staccate le foglie dai gambi. Posizionare le polpette di fagioli su un foglio di alluminio e grigliare sulla griglia calda per 6-8 minuti su ciascun lato. Spennellare con olio alla fine del tempo di cottura. Tagliare i panini per hamburger e arrostirli brevemente sulla griglia. Spalmare la crema all'aglio sulla metà inferiore del panino per hamburger. Mettere sopra le polpette, coprire con fette di pomodoro e basilico. Stendi ajvar su di esso. Servire immediatamente con il coperchio per rotoli di pane in dotazione.

ESSERE IL MIO BURGER DI BARBABIETOLE E FAGIOLI

Porzioni: 4

INGREDIENTI

- cipolla
- spicchio d'aglio
- cucchiaio di olio d'oliva
- 1 lattina (425 ml) Fagioli neri (o fagioli rossi)
- 100 g di barbabietola
- cucchiaio di pangrattato
- 1 cucchiaino di semi di lino tritati
- Sale, pepe, maggiorana essiccata
- grande pomodoro
- cetriolini
- Mini lattuga romana
- 4 panini per hamburger

- 80 g di ketchup
- cucchiaino di senape

PREPARAZIONE

Per le polpette, sbucciare la cipolla e l'aglio e tritarli entrambi finemente. Scalda 1 cucchiaio di olio. Soffriggere la cipolla e l'aglio fino a renderli traslucidi. Sciacquare i fagioli con acqua fredda, scolarli e trasferirli in un becher alto. Pelare, lavare e grattugiare grossolanamente le barbabietole. Aggiungere il mix di cipolle con pangrattato e semi di lino. Frulla tutto. Condite a piacere con sale, pepe e maggiorana. Lascialo in ammollo per circa 10 minuti.

Lavare il pomodoro, tagliarlo a fettine sottili. Taglia anche il cetriolo a fettine sottili. Lavate la lattuga e tagliatela a listarelle sottili. Formare la miscela di fagioli in 4 polpette (polpette piatte) con le mani inumidite. Scaldare 2 cucchiai di olio, friggere le polpette per 8-10 minuti, girandole.

Apri i rotoli. Arrostire le superfici tagliate in una padella calda senza grasso. Spennellare le metà inferiori con ketchup e le metà superiori con senape. Coprire le metà inferiori con 1 tortino, le fette di pomodoro e cetriolo e la lattuga. Metti le metà superiori del panino sopra.

CROCCANTE FUORI DAL FORNO: BURGER DI POLLO

Porzioni: 4

INGREDIENTI

- carota
- 150 g di radice di sedano
- 150 g di cavolo rosso
- cucchiaio di yogurt intero
- 1 cucchiaino di miele liquido
- 1 cucchiaio di succo di lime
- Sale pepe
- Snack cetriolo
- cipollina rossa
- 4 filetti di pollo
- 1 cucchiaio di farina
- 1 cucchiaio di latte

- 8 cucchiai di pangrattato
- cucchiaio di olio
- 4 panini per hamburger
- cucchiaio di salsa al peperoncino per pollo

PREPARAZIONE

Per l'insalata di cavoli, pelare o pulire e lavare la carota, il sedano e il cavolo rosso. Tagliate tutto a listarelle sottili. Mescolare lo yogurt, il miele e 1 cucchiaio di succo di lime, condire con sale e pepe. Impastare con le verdure. Lavare il cetriolo, tagliarlo a fettine lunghe e sottili. Marinare con sale e 1 cucchiaio di succo di lime. Pelare la cipolla e tagliarla a rondelle.

Preriscaldare il forno (fornello elettrico: 220 ° C / convezione: 200 ° C / gas: vedere produttore). Lavate il pollo, asciugatelo, tagliatelo a metà in orizzontale e condite con sale e pepe. Trasformare prima nella farina, poi nel latte e infine nel pangrattato. Stendere su una teglia da forno e condire con olio. Cuocere in forno caldo per circa 20 minuti. Dopo circa 15 minuti distribuire gli involtini intorno alla carne.

Sfornate tutto. Tagliare a metà gli involtini e farcire con insalata di cavolo, pollo, cipolla e cetriolo. Condire con salsa al peperoncino.

BLITZ BURGER "ITALO-STYLE" CON UOVO IN POACHIA

Porzioni: 4

INGREDIENTI

- 4 rotoli di ciabatta
- 50 g di rucola
- 2 pomodori grandi
- 1-2 cucchiai di aceto di vino bianco
- 4 uova
- 4 cucchiai di ricotta o doppia crema di formaggio
- 4 cucchiai di pesto verde (vetro)
- Sale pepe

PREPARAZIONE

Tagliare a metà i rotoli ed eventualmente tostare le superfici tagliate sul tostapane. Separare la rucola, lavarla e scuoterla bene per asciugarla. Lavate e affettate i pomodori.

Nel frattempo portare a ebollizione abbondante acqua con l'aceto. Sbatti le uova una ad una in una tazza. Togli la pentola dal fuoco, mescola uno strudel nell'acqua. Far scorrere 1 uovo ciascuno in uno strudel. Lasciar riposare le uova in acqua bollente sul fuoco per circa 4 minuti. Sollevare e scolare.

Spennellate le metà inferiori del panino con la ricotta e mettete sopra un po 'di pesto. Distribuire sopra le fette di pomodoro, la rucola e le uova. Condite il tutto con sale e pepe. Condire con il resto del pesto e adagiarvi sopra le metà superiori del panino.

BURGER "BIG EGG"

Porzioni: 4

INGREDIENTI

- 4 uova
- 2 fette di pancetta
- 1,5 cucchiai di ketchup
- 1,5 cucchiai di maionese
- sale e pepe
- 2 fogli di lattuga romana mini
- 4 pomodorini
- 1 cucchiaino di sesamo
- Spiedini di legno

PREPARAZIONE

Fai bollire 4 uova per circa 8 minuti. Tagliare a metà 2 fette di pancetta trasversalmente, friggerle in padella senza grasso fino a renderle croccanti. Mescola 1 cucchiaio e mezzo di ketchup e maionese, condisci con sale e pepe. Cogliere approssimativamente 2 mini foglie di lattuga romana. Tagliate a fettine 4 pomodorini. Sciacquare le uova, sbucciarle e tagliarle a metà nel senso della lunghezza. Taglia un po 'la parte inferiore delle uova in modo che gli hamburger siano dritti. Completare con lattuga, pancetta, pomodori e salsa. Metti il resto delle metà delle uova sopra, fissale con uno spiedino di legno. Cospargere con 1 cucchiaino di semi di sesamo.

BURGER L'UNICO

Porzioni: 4

INGREDIENTI

- 3 cipolle rosse
- 3 cucchiai di succo di limone
- Sale pepe
- 3 cucchiai di maionese
- 1 cucchiaio di concentrato di pomodoro
- 40 g di lattuga iceberg
- pomodoro
- spicchio d'aglio
- 400 g di hack misto
- 4 ° panini per hamburger a basso contenuto di carboidrati (ad esempio Feeling o vedi sotto)
- cucchiaio di olio di semi di girasole
- fette di pancetta
- fette di Cheddar

PREPARAZIONE

Pelare 2 cipolle e tagliarle a rondelle sottili. Mescolare con succo di limone e 1/2 cucchiaino di sale, lasciare in infusione. Mescolare la maionese e il concentrato di pomodoro fino a che liscio, condire con sale e pepe. Mondate la lattuga, lavatela, asciugatela e tagliatela a listarelle sottili. Lavate e affettate il pomodoro.

Per le polpette, sbucciare 1 cipolla e lo spicchio d'aglio, tritarli entrambi finemente. Impastare con il trito, 1/2 cucchiaino di sale e un po 'di pepe. Tagliare in quarti il composto e formare delle polpette piatte.

Tagliare a metà i panini per hamburger orizzontalmente, tostare le superfici tagliate in una padella calda senza grassi e togliere.

Scaldare l'olio nella padella, soffriggere la pancetta a fuoco medio fino a renderla croccante, rimuovere. Friggere le polpette in padella con il grasso rimanente per circa 5 minuti, girandole una volta. Posizionare le fette di pomodoro e formaggio sulle polpette e lasciare che il formaggio si sciolga leggermente.

Spennellate le metà inferiori del panino con un po 'di maionese al pomodoro. Distribuire sopra la lattuga e metà delle cipolle marinate. Metti le polpette sopra. Mettere sopra la pancetta, le cipolle rimanenti e 1 cucchiaiata di maionese al pomodoro. Infine, posiziona le metà superiori del panino sopra.

SUGGERIMENTO: Come preparare i panini per hamburger a basso contenuto di carboidrati: 120 g di farina di mandorle, 30 g di bucce di psillio, 2 cucchiaini di lievito in polvere, 1/2 cucchiaino di sale, 8 albumi (misura M), 2 cucchiai di olio d'oliva, 2 cucchiai di aceto bianco e 200 ml di acqua bollente mescolate. Lascialo in ammollo per circa 15 minuti. Preriscaldare il forno (fornello elettrico: 180 ° C / convezione: 160 ° C / gas: vedere produttore). Tagliare l'impasto in quarti, formare un rotolo e disporlo su una teglia rivestita con carta da forno. Cospargere con 2 cucchiai di semi di sesamo nero. Cuocere in forno caldo per circa 18 minuti fino a doratura. Tira fuori e lascia raffreddare.

DOLCE CHRISTKINDL BURGER

Porzioni: 4

INGREDIENTI

- mela sbucciata rossa
- 1 cucchiaio di burro
- 4 cucchiaini. Crema da spalmare al caramello (ad esempio Bonne Maman)
- 8 ° pan di zenzero Elisen grande (ad esempio da Lebkuchen Schmidt)
- 40 g di popcorn al caramello
- 4 palline (piccole) Amarenaeis

PREPARAZIONE

Lavate la mela, eliminate il torsolo. Tagliare la mela trasversalmente in 4 fette spesse. Riscaldare il burro in una padella. Friggere le fette di mela a fuoco medio-basso per circa 3 minuti, girandole una volta.

Distribuire la crema al caramello sui lati della cialda di 4 biscotti di pan di zenzero. Completare con popcorn, fette di mela e palline di gelato. Metti il resto del pan di zenzero sopra.

BURGER BUNS

Porzioni: 8

INGREDIENTI

- 1/2 cubetto (21 g) di lievito
- 1 cucchiaino di zucchero
- 1/4 l di latte
- 1/8 l d'acqua
- 50 g di burro
- 1 cucchiaino di colorante alimentare rosso (ad es. "Christmas Red" di Wilton)
- 600 g di farina
- 1 cucchiaino di sale
- Uovo (taglia M)
- tuorlo d'uovo
- cucchiaio di latte
- 1 cucchiaio di semi di sesamo per spolverare

PREPARAZIONE

Per 8-10 pezzi: mescola 1/2 cubetto (21 g) di lievito con 1 cucchiaino di zucchero fino a quando diventa liquido. Scaldare 1/4 l di latte, 1/8 l di acqua e 50 g di burro (se lo si desidera, aggiungere 1 cucchiaino di pasta alimentare rossa (es. "Christmas Red" di Wilton). 600 g di farina, 1 cucchiaino di sale e 1 uovo (size. M) in una ciotola, unite il composto di latte e lievito, impastate il tutto con il gancio per impastare della planetaria fino ad ottenere un impasto liscio, coprite e lasciate lievitare in un luogo caldo per circa 45 minuti

Impastare brevemente l'impasto, formare 8-10 panini e disporli su due teglie rivestite con carta da forno. Coprite e lasciate lievitare per circa 20 minuti. Preriscaldare il forno (fornello elettrico: 200 ° C / convezione: 180 ° C / gas: vedere produttore). Montare 1 tuorlo d'uovo con 3 cucchiai di latte. Spennellate il panino. Cospargere con 1 cucchiaio di semi di sesamo. Cuocere in forno caldo per circa 15 minuti uno dopo l'altro.

OH MIO CERVO BURGER

Porzioni: 4

INGREDIENTI

- 4 fogli (grandi) Kale
- Zucchero, sale, pepe
- 4 ° rotolo di pretzel
- 2 cucchiai di olio
- 4 ° hamburger di cervo congelato (ad esempio da LECKER)
- Rotolo di formaggio di capra da 200 g
- cipolla
- 4 cucchiai di ketchup di pomodoro
- 1/2 cucchiaino di spezie per pane allo zenzero
- 200 g di zucca (vetro)
- 4 cucchiai di maionese

PREPARAZIONE

Pulisci, lava e asciuga il cavolo. Tagliare a metà le foglie, impastare con 2 pizzichi ciascuna di zucchero e sale per renderle più morbide. Accendere il grill del forno (livello 3). Taglia a metà il panino orizzontalmente. Posizionare con le superfici tagliate rivolte verso l'alto su una teglia e arrostire sotto la griglia per 1-2 minuti fino a renderle leggermente croccanti. Rimuovere.

Scaldare l'olio nella padella, friggere le polpette di cervo congelate su entrambi i lati e disporle sulla teglia. Tagliare il rotolo di formaggio in 4 fette, adagiarlo sulle polpette e infornare sotto la griglia calda per 6-8 minuti.

Nel frattempo sbucciate la cipolla e tagliatela a rondelle. Mescola il ketchup con la spezia di pan di zenzero. Distribuire sulla metà inferiore del panino. Metti sopra la zucca e metà delle foglie di cavolo nero. Metti sopra le polpette di cervo. Distribuire sopra le rimanenti foglie di cavolo e gli anelli di cipolla. Spennellate le metà superiori del panino con la maionese e adagiatele sugli hamburger.

ROSTI BURGER

Porzioni: 12

INGREDIENTI

- 200 ml di acqua tiepida
- 4 cucchiai di latte
- Cubetti di lievito di birra fresco
- 35 g di zucchero
- 8 g di sale
- 80 g di burro morbido
- 500 g Farina tipo 550 (in Austria W700)
- uovo
- cucchiaio di latte
- cucchiaio di acqua di sesamo

PREPARAZIONE

Per prima cosa mettete l'acqua tiepida e il latte in una ciotola, unite lo zucchero e sbriciolate il cubetto di lievito. Il tutto viene ora lasciato riposare per 5 minuti.

Quindi aggiungere i restanti ingredienti dell'impasto: farina, sale, un uovo e il burro morbido (o liquido) e impastare il tutto fino ad ottenere una pasta liscia. L'impasto viene ora coperto in un luogo caldo e lasciato lievitare per circa 1 ora.

Trascorsa quest'ora, si modellano i panini dall'impasto. Prendi circa 80 grammi di pasta per panino. La quantità di pasta è sufficiente per circa 11-12 panini per hamburger. L'impasto viene arrotolato in una palla rotonda e uniforme con i palmi delle mani e quindi pressato su una teglia rivestita con carta da forno per formare un disco piatto del diametro di ca. 8-9 cm. Dovresti fare un piccolo sforzo quando modifichi le fette piatte, perché più uniformemente modifichi le fette di pasta, migliore sarà il panino finito.

I pezzi di pasta ora devono lievitare per un'altra ora. Questo è particolarmente importante, perché altrimenti non otterrai panini soffici. Nel frattempo sbatti un uovo con 2 cucchiai di acqua e 2 cucchiai di latte. Dopo che i panini sono passati un'ora, l'uovo sbattuto viene spennellato sopra. Ciò garantisce una bella lucentezza sul panino in seguito. È importante che il composto di latte, acqua e uova non sia troppo freddo, altrimenti il panino crollerà. Puoi anche cospargere i panini con sesamo come opzione.

Ora mettete i panini nel forno preriscaldato a 200 gradi (calore superiore / inferiore) e lasciate cuocere per circa 16-20 minuti fino a quando la superficie non sarà dorata

BURGER DI POLLO FLY AWAY CON SALSA DI MANGO

Porzioni: 4

INGREDIENTI

- Mango
- peperoncino rosso
- cucchiaino di succo di lime
- Sale, zucchero di canna, pepe, cumino macinato
- spicchio d'aglio
- Avocado
- 4 ° filetti di pollo (150 g l'uno)
- cucchiaio di Harissa (pasta di spezie arabe, tubo)
- cucchiaio di pangrattato
- cucchiaio di olio d'oliva
- 60 g di rucola
- 4 ° panini allungati (es. Panini da forno in pietra)

PREPARAZIONE

Per la salsa, pelare il mango, tagliare la polpa dal nocciolo, tagliare a dadini. Dissolvete, lavate e tritate il peperoncino. Purea ca. 1/3 del mango. Mescolare con il resto del mango, il peperoncino e 1 cucchiaino di succo di lime. Condite con sale e zucchero.

Per il guacamole, sbucciate e tritate l'aglio. Tagliare a metà, togliere il torsolo e sbucciare gli avocado, frullare con 2 cucchiaini di succo di lime e aglio. Condite con sale, pepe e cumino.

Per la cotoletta lavate la carne, asciugatela e tagliatela a metà in senso orizzontale. Condite con sale e spennellate con harissa, quindi rigirate nel pangrattato. Friggere in olio per circa 2 minuti per lato. Separare la rucola, lavare e asciugare agitando. Apri i rotoli. Riempi con gli ingredienti preparati.

BURGER DELLA CALIFORNIA

Porzioni: 4

INGREDIENTI

- Avocado (circa 300 g)
- 1/2 limone
- Peperoncino
- sale
- Pepe
- Pomodoro Bistecca Di Manzo
- 50 g di lattuga di agnello
- 4 ° panini per hamburger (ca.50 g ciascuno)
- 400 g di carne macinata
- cucchiaio di olio
- fette di formaggio sandwich

PREPARAZIONE

Taglia a metà l'avocado nel senso della lunghezza lungo il torsolo. Svitare le metà, rimuovere il torsolo e la pelle dalla polpa. Mettete la polpa in una ciotola. Spremi il succo del limone nell'avocado. Mondate il peperoncino, tagliatelo nel senso della lunghezza, lavate e privatelo dei semi. Tagliate il baccello a pezzetti e aggiungetelo all'avocado. Schiacciare finemente con una forchetta. Aggiustare di sale e pepe. Lavate il pomodoro, grattugiatelo e tagliatelo a fettine. Mondate e lavate la lattuga e asciugatela.

Tostare le metà del panino per hamburger in porzioni con la superficie tagliata in una padella calda per circa 3 minuti. Rimuovere. Condire il trito con sale e pepe. Dividere in 4 parti uguali e formare delle polpette di hamburger. Scaldare l'olio in una padella. Friggere vigorosamente le polpette su ciascun lato per 5-6 minuti. Rimuovere.

Copri le metà inferiori del panino con hamburger con un tortino ciascuna. Mettere prima 1 fetta di formaggio a testa, poi 1/4 dell'insalata, le fette di pomodoro e la purea di avocado. Termina con la parte superiore del panino. Disporre su un piatto da portata.

BURGER DI POLLO CON CIPOLLE ROSSE E INSALATA DI FRISÉE

Porzioni: 4

INGREDIENTI

- 500 g di petto di pollo
- sale
- pepe appena macinato
- 2 cucchiai di olio
- 2 cipolle rosse
- 50 g di insalata frisée
- 4 cucchiai di crema fraiche di formaggio
- 1 cucchiaio di senape al miele
- 4 panini per hamburger (ca.50 g ciascuno)

PREPARAZIONE

Lavate la carne, asciugatela, condite con sale e pepe. Scaldare 1 cucchiaio di olio in una teglia da forno. Rosolare la carne, girandola, per circa 3 minuti. Friggere in un forno preriscaldato (fornello elettrico: 175 ° C / convezione: 150 ° C / gas: vedere il produttore) per altri 10-12 minuti.

Pelare le cipolle e tagliarle a rondelle. Scaldare 1 cucchiaio di olio in una padella. Soffriggere le cipolle, girandole, per circa 3 minuti, aggiustare di sale e pepe e togliere dalla padella. Mondate e lavate la lattuga e sminuzzatela grossolanamente. Mescolare la crème fraîche e la senape, condire con sale e pepe.

Tostare le metà del rotolo in porzioni in una padella Gill. Sfornare la carne e farla a pezzi con una forchetta. Spennellare le superfici tagliate dei rotoli con la panna. Coprite prima la metà inferiore con la lattuga, poi con la carne. Distribuire sopra le cipolle. Metti il coperchio del panino.

MINI BURGER CON MANGO E RADICCHIO

Porzioni: 24

INGREDIENTI

- 25 g di lievito di birra fresco
- 20 g di zucchero
- 50 g di burro
- 250 ml di latte
- 2 cucchiai di latte
- sale
- 600 g di farina
- Uovo (taglia M)
- Tuorlo d'uovo (taglia M)
- cucchiai di semi di sesamo
- 800 g di carne macinata
- Pepe

- cucchiaio di olio
- Manghi
- Insalata di radicchio
- 1 bottiglia (250 ml) di salsa al curry
- Farina per il piano di lavoro
- Pergamena
- possibilmente spiedini di legno

PREPARAZIONE

Per gli hamburger, mescolare il lievito con lo zucchero fino a quando non sarà liquido. Scaldare il burro e 250 ml di latte. Versare 125 ml di acqua e lasciar raffreddare tiepida. Metti 1 cucchiaino di sale, farina e uovo in una ciotola. Versare il composto di latte. Aggiungere la miscela di lievito e impastare immediatamente con il gancio per impastare dello sbattitore manuale per 6-8 minuti fino a formare un impasto elastico. Coprite e lasciate lievitare in un luogo caldo per circa 45 minuti.

Lavorate brevemente l'impasto su un piano di lavoro infarinato. Formare l'impasto in ca. 24 pezzi di pasta rotondi e adagiarli su due teglie rivestite con carta da forno. Coprite e lasciate lievitare per altri 20 minuti. Montare i tuorli con 2 cucchiai di latte. Spennellate con esso il panino e cospargete di semi di sesamo. Cuocere teglia per teglia una dopo l'altra nel forno preriscaldato (fornello elettrico: 200 ° C / convezione: 175 ° C / gas: vedi produttore) per circa 15 minuti. Sfornare e lasciar raffreddare su una gratella.

Condire il trito con 2 cucchiaini di sale e pepe. Forma ca. 24 piccole polpette fuori dalla massa. Scaldare l'olio in porzioni in una padella grande, friggere le polpette in porzioni per 4-5 minuti girandole. Scolare su carta assorbente. Tagliare la polpa di mango dal nocciolo, sbucciarla e tagliarla a fettine sottili. Lavate e mondate il radicchio e tagliatelo a listarelle sottili.

Taglia a metà il panino con hamburger. Spennellare le metà inferiori con salsa al curry, coprire con lattuga, polpette e fette di mango. Metti le metà superiori del panino sopra. Forse bloccato con spiedini di legno.

BURGER DI QUINOA

Porzioni: 4

INGREDIENTI

- 100 g di quinoa
- cipolla piccola
- Carota (ca.100 g)
- 4 gambi di prezzemolo
- 1/2 cucchiaino di olio
- sale
- Pepe
- 25 g di semi di girasole
- cucchiaio di fiocchi d'avena delicati
- Tuorlo d'uovo (taglia M)
- Cime di lattuga romana
- 1 cucchiaio di insalata di maionese
- cucchiaio di yogurt magro
- cucchiaino di senape granulosa

- 20 g di parmigiano
- Pannocchia di pomodorini (ca.200 g)
- Pane baguette
- Vassoio griglia in alluminio

PREPARAZIONE

Mettere la quinoa al setaccio, sciacquare con acqua calda e scolare. Pelare la cipolla e tagliarla a cubetti fini. Pelare e grattugiare la carota. Lavate il prezzemolo, asciugatelo e tritatelo finemente.

Scaldare l'olio in una casseruola e rosolare la cipolla. Aggiungere la quinoa, sfumare con 250 ml di acqua e cuocere a fuoco lento per circa 10 minuti a fuoco medio. Condire con sale e pepe. Togli la pentola dal fuoco. Aggiungere la carota, i semi di girasole, i fiocchi d'avena e il prezzemolo e lasciare in ammollo per circa 15 minuti. Incorporare i tuorli d'uovo.

Mondare e lavare la lattuga e tagliarla a pezzetti. Mescolare la maionese, lo yogurt e la senape, condire con sale e pepe. Affettare il parmigiano. Lavate i pomodori e scolateli bene.

Formare il composto di quinoa in 8 pettis e disporli su una pirofila di alluminio. Posizionare la pirofila di alluminio sulla griglia e grigliare i pettis per circa 5 minuti su ogni lato. Mettere il pane sulla griglia dopo ca. Cinque minuti. Mettere i pomodori nella pirofila di alluminio. Gira il pane una volta.

Tagliare il pane in 4 pezzi e dimezzarli orizzontalmente. Rimuovere i pomodori dalle pannocchie. Condite ogni pane con la salsa, un po 'di lattuga, un petti, un po' di parmigiano e pomodorini. Mescolare il resto dell'insalata con la salsa e servire con i cittadini.

BURGER DI QUINOA

Porzioni: 4

INGREDIENTI

- 2 cucchiai di semi di senape
- 1 cucchiaino di curcuma
- 100 g di zucchero
- 1 cucchiaio di zucchero
- sale
- 100 ml di aceto balsamico leggero
- 2 cucchiai di aceto balsamico leggero
- 2 bulbi di barbabietola gialla
- 400 g di cuscus
- 2 cipolle rosse
- 1/2 mazzetto di prezzemolo
- 2 cucchiaini di senape mediamente calda
- 3 cucchiai di farina di semi di carrube
- 2 cucchiaini di semi di sesamo nero

- 1 cucchiaino di paprika dolce
- Pepe
- 2 scalogni
- 250 g di asparagi selvatici
- 6 cucchiai di olio di girasole
- 150 ml di brodo vegetale
- peperoncino rosso
- Mango
- Avocado
- Succo di 1 limone
- Barbabietola di crescione Shiso verde

PREPARAZIONE

Fate bollire 300 ml di acqua, semi di senape, curcuma, 100 g di zucchero, 1 pizzico di sale e 100 ml di aceto in una casseruola per circa 10 minuti. Lavate, mondate, pelate e affettate le barbabietole gialle. Aggiungere le fette di barbabietola gialla al liquido e lasciar riposare.

Preparare il cuscus seguendo le istruzioni sulla confezione. Pelare, tagliare a metà e tagliare a dadini le cipolle. Lavate il prezzemolo, shakerate per asciugarlo, staccate le foglie dai gambi e tritatele finemente. In una ciotola impastare il cuscus, le cipolle, la senape, la farina di semi di carrube, 6 cucchiai d'acqua, Il sesamo e la paprika fino a ottenere una massa soda, condire con sale e pepe. Se il composto è un po 'troppo secco, aggiungi un po' d'acqua. Far raffreddare la miscela per ca. 30 minuti.

Pelare e tagliare a dadini gli scalogni. Lavate accuratamente gli asparagi. Scaldare 2 cucchiai di olio in una padella, rosolare lo scalogno per circa 1 minuto, spolverare con 1 cucchiaio di zucchero e sfumare con 2 cucchiai di aceto. Rabboccare con brodo vegetale, aggiungere gli asparagi e cuocere a fuoco lento per circa 1 minuto. Lasciate macerare gli asparagi.

Sciacquare il peperoncino con acqua calda e tritarlo finemente. Pelate il mango, tagliate la polpa dal nocciolo. Frullare finemente la polpa e il peperoncino con un frullatore a immersione. Tagliare a metà gli avocado, privarli dei semi, eliminare la polpa dalla buccia e tagliarli a pezzi grossi. Schiaccia l'avocado e il succo di limone con una forchetta, condisci con sale e pepe.

Formare delle polpette della stessa dimensione dalla miscela di cuscus. Scaldare il resto dell'olio in una padella, soffriggere le polpette in porzioni per circa 5 minuti girandole, togliere e lasciar sgocciolare. Taglia il crescione dal letto. Distribuire il composto di avocado su 4 polpette di cuscus, spolverare con gli asparagi e metà del crescione, adagiare sopra le polpette rimanenti e finire con la crema di mango e la barbabietola gialla. Spargi sopra il resto del crescione.

JUICY GYROS BURGER

Porzioni: 4

INGREDIENTI

- 2 filetti di pollo (ca.200 g ciascuno)
- sale
- Preparazione del condimento di Gyros
- 4 ° Cipolle
- spicchio d'aglio
- cucchiaio di olio
- 100 g di formaggio Gouda giovane
- 4 ° panini per hamburger (ca.50 g ciascuno)
- pomodori
- Lattuga Iceberg 1/2 testa
- 100 g di tzatziki

PREPARAZIONE

Lavare il filetto di pollo, asciugarlo tamponando, condire con sale e spezie gyros. Pelare le cipolle e tagliarle a rondelle sottili. Pelate l'aglio e tritatelo finemente. Scaldare l'olio in una padella. Friggere i filetti di pollo per circa 5 minuti, girandoli. Aggiungere le cipolle e l'aglio e continuare a soffriggere per circa 10 minuti, girando.

Formaggio raspa. Disporre gli involtini su una teglia e cospargere con il formaggio. Cuocere in forno preriscaldato (fornello elettrico: 200 ° C / convezione: 175 ° C / gas: vedere produttore) per circa 5 minuti. Lavate, mondate e affettate i pomodori. Mondate, lavate e tagliate la lattuga a listarelle. Rimuovere le cipolle e la carne dalla padella. Tagliate la carne a listarelle. Tagliare a metà il panino e spennellarlo con lo tzatziki. Guarnisci l'hamburger con carne, pomodori, cipolle e lattuga.

VITAL BURGER

Porzioni: 4

INGREDIENTI

- 80 g di farina di farro verde
- sale
- 300 g di carne macinata
- Pepe
- 3 ravanelli
- 2 pomodori
- 40 g di germogli di ravanello
- 4 fogli di insalata di indivia
- 2 cucchiai di olio di semi di girasole
- 4 ° panini di pane tostato multicereali (ca.55 g ciascuno)
- 8 cucchiaini di pesto di basilico
- 4 cucchiai di formaggio spalmabile a grani

PREPARAZIONE

Preparare la farina di farro verde in acqua bollente
salata secondo le istruzioni riportate sulla confezione.
Estrarre e lasciare raffreddare.

Mescolate il farro verde e tritatelo bene in una ciotola.
Condire con sale e pepe. Formare il composto in ca. 8
palline (circa 60 g ciascuna), schiacciate e mettete in
frigorifero.

Nel frattempo lavate e mondate i ravanelli, asciugateli e
tagliateli a fettine sottili. Lavate e mondate i pomodori
e tagliateli a fettine sottili. Lavate i germogli e scolateli
bene. Lavare le foglie di lattuga, asciugarle e strapparle
a pezzetti.

Scaldare l'olio in una padella. Friggere le polpette di
carne in porzioni, girandole su ciascun lato per circa 3
minuti. Arrostire gli involtini di pane tostato, spalmare
metà del pesto sulle metà inferiori, coprire con la
lattuga, adagiare un tortino di carne su ciascuno,
coprire con il pomodoro, mettere sopra un secondo
tortino, versarvi sopra una cucchiaiata di crema di
formaggio, spalmare il resto sopra il pesto, chiudere con
i germogli e adagiarvi sopra la metà superiore del
panino.

BURGER DEL CAVOLO ROSSO CON L'OCA STRAPPATA

Porzioni: 6

INGREDIENTI

- Cipolla rossa
- 6 gnocchi di pane finiti (dal giorno prima)
- cosce d'oca brasate (dal giorno precedente)
- 300 g di insalata di cavolo rosso
- Semi di melograno da 1/4 di melograno
- 1 cucchiaio di olio
- 20 g di burro
- 12 cucchiaini piccoli di senape FIG
- Origano per guarnire

PREPARAZIONE

Pelare la cipolla e tagliarla a fettine sottili. Taglia a metà gli gnocchi. Rimuovere la carne d'oca dalle ossa e sminuzzare la carne a pezzetti. Mescolare il cavolo rosso con i semi di melograno. Riscaldare l'olio e il burro in una padella larga e friggere gli gnocchi fino a dorarli su entrambi i lati. Tirate fuori gli gnocchi e fateci soffriggere la carne d'oca.

Spennellate le superfici tagliate degli gnocchi con 1 cucchiaino di mostarda di fichi ciascuna. Distribuire la carne sui pezzi inferiori, poi gli anelli di cipolla e sopra l'insalata di cavolo rosso. Mettere 1 coperchio per gnocchi su ciascuno degli hamburger, guarnire con origano e servire.

BURGER DI KASSLER CON CIPOLLE CARAMELLATE E FETTE DI MELE

Porzioni: 4

INGREDIENTI

- 2 cipolle rosse
- 2 mele
- 4 fette di salmone affumicato (ca.150 g ciascuna)
- 3 cucchiai di ollo
- 2 cucchiai di zucchero di canna
- Pepe
- 80 g di insalata di maionese
- 50 g di chutney di mango (vetro)
- 2 cucchiai di concentrato di pomodoro

- sale
- 4 ° panino hamburger con semi di sesamo
- 100 g di insalata Babyleaf

PREPARAZIONE

Pelare le cipolle e tagliarle a listarelle. Pelare, togliere il torsolo e affettare le mele. Lavate la carne di maiale affumicata, asciugatela e tagliatela a fette. Scaldate 2 cucchiai d'olio in una padella. Soffriggi le cipolle. Cospargere di zucchero e caramellare. Rimuovere. Friggere le fette di mela in olio per friggere caldo girandole fino a doratura. Rimuovere.

Scaldare 1 cucchiaio di olio nell'olio per friggere. Friggere le fette di Kassel, girandole, per circa 10 minuti. Condite con pepe. Mescolare la maionese, la mostarda e il concentrato di pomodoro. Condire con sale e pepe. Tagliare a metà il panino orizzontalmente e tostarlo. Lavare il composto di insalata e scuotere per asciugare. Spennellare le metà inferiori dell'hamburger con il mango e la salsa di pomodoro. Completare con lattuga, maiale affumicato, fette di mela e cipolle. Metti le metà superiori dell'hamburger sopra. Disporre e servire gli hamburger.

BUON LYE BURGER

Porzioni: 4

INGREDIENTI

- 4 fogli di lattuga romana mini
- 2 sottaceti grandi
- 1/2 mazzetto di erba cipollina
- 1 cucchiaio di burro
- 8 fette di pancetta di maiale arrosto
- 4 ° rotolo di pretzel
- 4 cucchiai di Obatzda
- 4 cucchiai di senape dolce

PREPARAZIONE

Lavare 4 foglie di lattuga romana mini e scuotere per asciugare. Tagliare 2 sottaceti grandi nel senso della lunghezza a fette. Lavate 1/2 mazzetto di erba cipollina, asciugatela e tagliatela a rotoli fini. Scalda 1

cucchiaio di burro in una padella larga. Friggere circa 8
fette di pancetta di maiale arrosto per 2-3 minuti.
Dimezza 4 rotoli di pretzel. Completare con 4 cucchiai
di Obatzda, lattuga, cetriolo e pancetta di maiale.
Condire con 4 cucchiaini di senape dolce e cospargere di
erba cipollina.

È UN BURGER DI FORMAGGIO
CON VERDURE GRIGLIATE

Porzioni:

INGREDIENTI

- zucchine
- melanzana
- peperoncino
- un po '+ 5 cucchiai di olio d'oliva
- 4 gambi di prezzemolo
- 4 cucchiai di succo di limone
- Sale pepe
- 1 cucchiaio di miele liquido
- 40 g di rucola
- confezioni (225 g ciascuna) formaggio Halloumi

- 4 ° Ciabatta rotoli

PREPARAZIONE

Mondare e lavare le zucchine e le melanzane e affettarle o tagliarle nel senso della lunghezza a fettine sottili. Mondare e lavare i peperoni e tagliarli a listarelle di ca. 3 cm di larghezza. Arrostire le verdure in porzioni per 3-5 minuti in una bistecchiera leggermente unta.

Lavate e tritate il prezzemolo. Mescolare con succo di limone, sale, pepe, miele e 5 cucchiai d'olio. Mescolare con le verdure. Coprite e lasciate riposare per almeno 1 ora. Nel frattempo, sistemate la rucola, lavatela e asciugatela.

Tagliare a metà il formaggio e il panino orizzontalmente. Arrostire gli involtini sulle superfici tagliate nella bistecchiera unta e rimuoverli. Quindi friggere il formaggio per 3-4 minuti su ciascun lato. Riempire gli involtini con rucola, formaggio e verdure, compresa la marinata.

PRANZO BURGER CON KASSELER

Porzioni: 4

INGREDIENTI

- 2 cipolle (ad es. Rossa)
- 2 mele piccole
- 8 fette / n Kasseler (circa 450 g)
- 3 cucchiai di olio
- Zucchero, pepe, sale
- 4 cucchiai di maionese per insalata
- 50 g di chutney di mango
- 2 cucchiai di concentrato di pomodoro
- 4 panini per hamburger
- 50 g di insalata di foglie mix

PREPARAZIONE

Pelare le cipolle e tagliarle a listarelle. Pelare e togliere il torsolo alle mele e tagliarle a fettine.

Scaldare 2 cucchiai d'olio in una padella. Soffriggi le cipolle. Cospargere con 1 cucchiaio di zucchero, caramellare e rimuovere. Friggere le mele nella padella fino a dorarle, quindi rimuoverle. Friggere le fette di Kassel in 1 cucchiaio di olio per circa 4 minuti, condire con pepe.

Mescolare la maionese, la mostarda e il concentrato di pomodoro. Tagliare a metà il panino orizzontalmente e tostarlo in porzioni. Lavare la lattuga e scuoterla per asciugarla. Spennellare le metà inferiori dell'hamburger con metà del mango e della salsa di pomodoro. Completare con lattuga, maiale affumicato, mele e cipolle. Condire con la salsa rimanente e adagiarvi sopra le metà superiori del panino.

BURGER CALIFORNIANO "SURF & TURF"

Porzioni: 4

INGREDIENTI

- 8 ° gambero tigre crudo (ca.140 g ciascuno; fresco o congelato; con testa e guscio)
- 1-2 peperoncini rossi piccoli
- 4-6 cucchiai di Sriracha (salsa piccante)
- 2 avocado
- Succo di 1 lime
- Sale pepe
- 4 sfoglie di Radicchio
- 400 g Bistecca di manzo (tartare)
- 8 cucchiai di salsa teriyaki
- 4 ° panini per hamburger (300 g; ad es. "Brioche Buns" di LECKER)

- 3 cucchiai di olio
- 4 fette / n Cheddar

PREPARAZIONE

Se necessario, lasciate scongelare i gamberi. Mondare i peperoncini, tagliarli nel senso della lunghezza, privarli dei semi, lavarli e tagliarli a rondelle sottili. Mescolare 3/4 di peperoncino e salsa sriracha. Svita la testa dei gamberi. Pelare e privare i gamberi. Lavate i gamberi, asciugateli e fateli marinare nella salsa al peperoncino per circa 20 minuti.

Tagliare a metà e togliere il torsolo dagli avocado e rimuovere la polpa. Schiaccialo con una forchetta. Condire a piacere con succo di lime, il resto del peperoncino, sale e pepe.

Lavate il radicchio e asciugatelo. Impastare il trito, 4 cucchiai di salsa teriyaki e 1/2 cucchiaino di pepe. Formare 4 polpette di hamburger.

Taglia a metà il panino. Arrostire le superfici tagliate in una padella larga senza grasso, rimuovere. Scalda l'olio nella padella. Togliere i gamberi dalla marinata e friggerli per ca. 2 minuti su ogni lato. Tira fuori e tieniti al caldo. Friggere le polpette nel grasso di frittura caldo per circa 4 minuti su ciascun lato, versandovi sopra il resto della salsa teriyaki dopo la metà del tempo di frittura. Coprite con il formaggio e lasciate che il formaggio si sciolga.

Spennellare tutte le metà del panino con crema di avocado. Cospargere di radicchio, polpette di hamburger con salsa arrosto e gamberi. Metti il coperchio del panino.

BURGER DI QUINOA

Porzioni: 4

INGREDIENTI

- 200 g Quinoa (es. Rossa)
- sale
- cipolla
- spicchio d'aglio
- 7 cucchiai di olio di girasole
- 1 lattina (425 ml) di fagioli borlotti
- 100 g di formaggio cheddar
- Uovo (taglia M)
- 8 cucchiai di pangrattato
- Pepe
- 600 g di patate dolci
- 4 cucchiai di panna per insalata (36% di grassi)
- 1 cucchiaio di senape granulosa

- 1 bicchiere (370 ml) di cipolle sott'aceto in aceto balsamico
- 4 fette di formaggio di montagna (circa 80 g; es. Groviera)
- paprika affumicata in polvere
- 4 ° panino
- Pergamena

PREPARAZIONE

Per le polpette, preparare la quinoa in acqua bollente salata secondo le istruzioni riportate sulla confezione. Quindi lasciate raffreddare un po '. Pelare la cipolla e l'aglio e tritarli finemente. Scaldare 1 cucchiaio di olio e rosolare la cipolla e l'aglio fino a quando diventano traslucidi, togliere dal fuoco. Versare i fagioli in uno scolapasta, sciacquare, scolare bene. Grattugiare grossolanamente il cheddar. Schiacciare finemente i fagioli con una forchetta

Impastare gli ingredienti preparati, l'uovo e il pangrattato, condire con sale e pepe. Formare il composto in 4 polpette piatte e raffreddare.

Pelare le patate dolci e tagliarle nel senso della lunghezza a grosse patatine fritte. Mettete in una ciotola capiente, aggiustate di sale e irrorate con 4 cucchiai d'olio. Mescolare le patate e stenderle su una teglia rivestita di carta da forno. Cuocere in forno preriscaldato (fornello elettrico: 225 ° C / convezione: 200 ° C / gas: vedere produttore) per circa 30 minuti. Girare le patatine dopo ca. 15 minuti.

Mescolare insieme la crema di insalata e la senape.
Scolare le cipolle e tagliarle a rondelle. Scaldare 2
cucchiai d'olio in una padella. Friggere le polpette per
circa 6 minuti, girandole di tanto in tanto. Completare
con 1 fetta di formaggio di montagna su ciascuna.
Chiudete la padella con il coperchio e lasciate sciogliere
brevemente il formaggio. Condisci le patatine fritte con
la paprika. Dimezza il panino orizzontalmente. Coprite le
metà inferiori con crema di lattuga, polpette, cipolle e
patatine fritte e adagiatevi sopra le metà superiori del
panino. Servire con il resto delle patatine fritte.

BUN BAO - ASIA BURGER

Porzioni: 7

INGREDIENTI

- 350 g di farina
- 10 g di lievito di birra fresco
- 1 cucchiaio di miele liquido
- 4 cucchiai di olio di colza
- sale
- Lime biologico
- 300 g di filetto di pollo
- 1 cucchiaino di salsa di soia
- schizzi di salsa di pesce
- cucchiaio di salsa al peperoncino dolce per pollo
- 100 g di cavolo
- 100 g di carote
- 25 g Piselli germogli di asparagi
- Cipolla rossa

- 1 cucchiaino di zucchero
- 50 g di arachidi salate
- 4-5 gambi di coriandolo
- 75 g di insalata di maionese
- pepe dal macinino
- Farina per il piano di lavoro
- Pellicola trasparente
- Pergamena

PREPARAZIONE

Per gli involtini, mettere la farina in una ciotola e fare una fontana al centro. Sbriciolare il lievito e aggiungere il miele. Riempite con 175 ml di acqua tiepida e lasciate riposare per circa 15 minuti. Aggiungere 2 cucchiai di olio e 7 g di sale. Impastare il tutto per circa 3 minuti con il gancio per impastare dello sbattitore elettrico fino a formare un impasto liscio. Coprite e lasciate lievitare a temperatura ambiente per circa 1 ora fino a quando l'impasto non avrà raddoppiato di volume.

Nel frattempo lavate il lime con acqua calda, asciugatelo e grattugiate finemente la buccia. Taglia a metà il lime e spremi il succo. Sciacquate la carne con acqua fredda, asciugatela e tagliatela a cubetti. Mescolare la salsa di soia, la salsa di pesce, 2 cucchiai di salsa al peperoncino e 2 cucchiai di succo di lime in una ciotola. Aggiungere la carne e mescolare bene. Coprite e lasciate raffreddare per circa 30 minuti ..

Mondare e lavare il cavolo cappuccio e affettarlo a listarelle sottili. Pelare le carote, tagliarle a metà nel

senso della lunghezza e tagliarle a listarelle sottili.
Lavate e scolate i germogli. Pelare la cipolla e tagliarla o affettarla a rondelle molto sottili. Mescola 2 cucchiai di succo di lime con lo zucchero. Aggiungere il cavolo cappuccio, le carote, i germogli e la cipolla e mescolare. Copri e metti da parte. Tritate grossolanamente le noci. Lavate il coriandolo, shakeratelo e tritatelo finemente tranne qualche foglia per guarnire. Mescolare la maionese con il coriandolo tritato, 1 cucchiaio di salsa al peperoncino, 2 cucchiai di succo di lime e la scorza. Copri e lascia raffreddare

Impastate nuovamente la pasta e stendetela di circa 0,5 cm di spessore su un piano di lavoro spolverato di farina. Ritagliare ca. 7 cerchi con un cutter rotondo (circa 11 cm Ø). Piegate i cerchi di pasta insieme in mezzelune e adagiateli su un pezzetto di carta da forno. Portare a ebollizione l'acqua in una pentola capiente, inserire la vaporiera in bambù. Portare l'acqua a ebollizione e mettere i pezzi di pasta in più porzioni nella vaporiera con la carta da forno, mettere il coperchio e cuocere a vapore per 12-15 minuti. Tira fuori i panini al vapore.

Scaldare 2 cucchiai di olio in una padella antiaderente capiente. Friggere la carne, girandola a fuoco medio, per 3-4 minuti. Aggiustare di sale e pepe. Rimuovere. Aprire gli involtini e spennellarli con la maionese. Riempire gli involtini con miscela di insalata, carne e noci. Cospargere con il resto del coriandolo.

COLAZIONE MUFFIN BURGER

Porzioni: 8

INGREDIENTI

- 150 g di burro morbido
- 85 g di ricotta
- sale
- 11 uova (taglia M)
- 150 g di farina
- 1/2 bustina di lievito per dolci
- 125 g di formaggio cheddar
- 35 g di parmigiano
- spicchio d'aglio
- 40 g di pomodori secchi sott'olio
- 200 g di panna acida
- cucchiaio di miele liquido
- cucchiaio di concentrato di pomodoro
- Pepe

- 150 g di funghi
- 50 g mix di insalata baby leaf
- 8 ° Pomodorini
- cucchiaio di olio
- avocado
- 1 spruzzata di succo di limone
- 8 ° Pirottini in carta
- Spiedini di legno

PREPARAZIONE

Mescolare il burro, la ricotta e un pizzico di sale con la frusta dello sbattitore elettrico fino a ottenere una crema. Mescolare 3 uova una dopo l'altra. Mescolare la farina e il lievito, aggiungere e mescolare brevemente. Grattugiare entrambi i tipi di formaggio e incorporarli nella pastella.

Foderare 8 pozzetti di una teglia per muffin (12 pozzetti da circa 100 ml ciascuno) con 1 pirofila di carta ciascuno. Stendere l'impasto nelle vaschette e infornare in forno preriscaldato (fornello elettrico: 175 ° C / convezione: 150 ° C / gas: vedi produttore) per circa 20 minuti.

Pelate l'aglio e tritatelo finemente. Scolare i pomodori secchi in uno scolapasta e tagliarli finemente. Mescolare la panna acida, il miele, il concentrato di pomodoro, i pomodori e l'aglio, condire con sale e pepe. Mondate, pulite e affettate i funghi. Lavate la lattuga e asciugatela. Sfornate i muffin e fateli raffreddare un po '. Togliere i muffin dagli incavi e lasciarli raffreddare su una gratella.

Lavare i pomodori. Scaldare 2 cucchiai di olio in una padella, soffriggere i funghi e i pomodori energicamente per circa 2 minuti girandoli, aggiustare di sale e pepe. Scaldare 2 cucchiai di olio in un'altra padella e friggere le uova in porzioni con l'aiuto di stampini tondi per uova fritte, quindi condire con pepe.

Tagliare a metà l'avocado lungo il torsolo, togliere il torsolo e sbucciarlo, tagliare la polpa a fettine sottili e condire con il succo di limone. Tagliate i muffin orizzontalmente e spennellateli con la panna acida. Mettere sopra la lattuga, i funghi, l'avocado e l'uovo fritto, quindi mettere il coperchio. Mettere i pomodori sul coperchio e fissarli con 1 spiedino di legno ciascuno.

BBQ BURGER "PULLED JACK"

Porzioni: 4

INGREDIENTI

- spicchio d'aglio
- cucchiaio di concentrato di pomodoro
- cucchiaio di olio d'oliva
- 1 cucchiaino, livellato di Pimentón de la Vera (paprika affumicata in polvere)
- Sale pepe
- 1 confezione (200 g ciascuna) pezzi di jackfruit giovani (naturali; es. Di Lotao)
- ca. 250 g di cavolo rosso
- cucchiaio di aceto di sidro di mele
- 2 cucchiai di sciroppo di riso
- Mini lattuga cetriolo
- gambi di prezzemolo
- 50 g di peperoni arrostiti (vetro)

- Cipolle
- 4 ° panino proteico di Chia
- cucchiaio di maionese vegana
- possibilmente 2 cucchiai di anacardi per spolverare

PREPARAZIONE

Per la marinata, sbucciate e tritate finemente l'aglio. Mescolare con concentrato di pomodoro, 4 cucchiai di acqua, 2 cucchiai di olio, paprika, un po 'di sale e pepe. Mescolare con i pezzi di jackfruit e schiacciare leggermente i pezzi. Lascialo in infusione per 15-30 minuti.

Nel frattempo lavate il cavolo rosso e tagliatelo a listarelle fino ad ottenere il picciolo. Impastate con sale, pepe, aceto e sciroppo di riso, lasciate in infusione. Lavare il cetriolo e tagliarlo nel senso della lunghezza a fettine sottili. Lavate il prezzemolo, asciugatelo e staccate le foglie. Scolare i peperoni arrostiti e tagliarli a listarelle sottili

Pelare le cipolle e tagliarle a listarelle sottili. Scaldare 1 cucchiaio di olio in una padella, soffriggere le cipolle per circa 2 minuti. Aggiungere il jackfruit marinato e continuare a soffriggere a fuoco vivace per circa 4 minuti, girando.

Tagliate gli involtini e spennellateli con la maionese. Completare con l'insalata di cavolo, le fette di cetriolo, i peperoni arrostiti, il prezzemolo e il jackfruit. Tritare finemente gli anacardi a piacere e cospargerli. Metti il coperchio del panino.

BURGER DI SALMONE E ASPARAGI

Porzioni: 4

INGREDIENTI

- Cipolla rossa
- 4 ° Cetriolini (vetro)
- stelo / i aneto
- 125 g di maionese
- 1 cucchiaio di senape
- Succo di 1 limone
- Sale pepe
- 50 g di foglie di spinaci giovani
- 10 g germogli di asparagi di piselli (in alternativa crescione)
- 500 g di asparagi verdi
- pezzi di filetto di salmone (ca.125 g l'uno)

- cucchiaio di olio d'oliva
- 4 ° panino

PREPARAZIONE

Pelare e tagliare a dadini la cipolla. Tagliare a dadini i cetriolini. Lavare l'aneto, agitare per asciugare, tritare finemente. Mescolare la maionese, la senape, 2 cucchiai di succo di limone, la cipolla, i cetriolini e l'aneto. Aggiustare di sale e pepe.

Dividi gli spinaci, lavali e asciugali. Sciacquate i germogli, scolateli. Lavare gli asparagi, tagliare generosamente le estremità legnose, tagliare a metà i gambi. Risciacquare il salmone, asciugarlo. Scaldare 2 cucchiai di olio in ciascuna delle due padelle. Friggere gli asparagi in uno e il salmone nell'altro per circa 6 minuti. Condire con il resto del succo di limone, condire con sale e pepe.

Taglia a metà il panino. Coprite le metà inferiori con spinaci, salmone, asparagi e germogli. Condire con la salsa, adagiare sopra le metà superiori.

BURGER DI KOHLRABI INTERI

Porzioni: 4

INGREDIENTI

- 2 cavoli rapa piccoli (ca.225 g ciascuno)
- Sale pepe
- 3 cucchiai di margarina
- la scorza grattugiata e il succo di 1 lime biologico
- ca. 300 g di carote
- 1 letto di crescione Daikon (ad es. Verde e rosso; o crescione da giardino)
- 1 cucchiaio di aceto di mele
- 1 cucchiaino di miele
- 2 gambi di prezzemolo
- 125 g di pangrattato
- 2 uova
- 5 cucchiai di olio di colza
- 3 cucchiai di farina

- 8 fette (circa 30 g ciascuna) di pane integrale alle nocciole e di segale

PREPARAZIONE

Per la cotoletta, sbucciare e lavare il cavolo rapa e tagliarlo in circa 4 fette. Coprite e cuocete in acqua bollente salata per circa 5 minuti fino al dente. Tira fuori e lascia raffreddare un po '.

Per la crema, mescolare la margarina, la scorza di lime e il succo. Aggiustare di sale e pepe.

Per le verdure crude, sbucciate, lavate e grattugiate le carote. Lava il crescione, taglialo dal letto. Mescolare entrambi con aceto, condire con sale, pepe e miele.

Per la cotoletta, lavare e tritare il prezzemolo, mescolare con il pangrattato. Sbattere insieme le uova, 1 cucchiaio di acqua, sale e pepe. Trasforma le fette di cavolo rapa prima nella farina, poi nell'uovo e nel pangrattato. Scaldare l'olio, friggere il cavolo rapa in porzioni su entrambi i lati fino a doratura.

Spalmare la crema sul pane. Coprite 4 fette con 2 cotolette di cavolo rapa e verdure crude ciascuna. Coprite con le fette rimanenti.

MINI BURGER CON MANGO E RADICCHIO

Porzioni: 24

INGREDIENTI

- 25 g di lievito di birra fresco
- 20 g di zucchero
- 50 g di burro
- 250 ml di latte
- 2 cucchiai di latte
- sale
- 600 g di farina
- Uovo (taglia M)
- Tuorlo d'uovo (taglia M)
- cucchiai di semi di sesamo
- 800 g di carne macinata
- Pepe

- cucchiaio di olio
- Manghi
- Insalata di radicchio
- 1 bottiglia / e (250 ml ciascuna) Salsa al curry
- Farina per il piano di lavoro
- Pergamena
- possibilmente spiedini di legno

PREPARAZIONE

Per gli hamburger, mescolare il lievito con lo zucchero fino a quando non sarà liquido. Scaldare il burro e 250 ml di latte. Versare 125 ml di acqua e lasciar raffreddare tiepida. Metti 1 cucchiaino di sale, farina e uovo in una ciotola. Versare il composto di latte. Aggiungere la miscela di lievito e impastare immediatamente con il gancio per impastare dello sbattitore manuale per 6-8 minuti fino a formare un impasto elastico. Coprite e lasciate lievitare in un luogo caldo per circa 45 minuti.

Lavorate brevemente l'impasto su un piano di lavoro infarinato. Formare l'impasto in ca. 24 pezzi di pasta rotondi e adagiarli su due teglie rivestite con carta da forno. Coprite e lasciate lievitare per altri 20 minuti. Montare i tuorli con 2 cucchiai di latte. Spennellate con esso il panino e cospargete di semi di sesamo. Cuocere teglia per teglia una dopo l'altra nel forno preriscaldato (fornello elettrico: 200 ° C / convezione: 175 ° C / gas: vedi produttore) per circa 15 minuti. Sfornare e lasciar raffreddare su una gratella.

Condire il trito con 2 cucchiaini di sale e pepe. Forma ca. 24 piccole polpette fuori dalla massa. Scaldare l'olio in porzioni in una padella grande, friggere le polpette in porzioni per 4-5 minuti girandole. Scolare su carta assorbente. Tagliare la polpa di mango dal nocciolo, sbucciarla e tagliarla a fettine sottili. Lavate e mondate il radicchio e tagliatelo a listarelle sottili.

Taglia a metà il panino con hamburger. Spennellare le metà inferiori con salsa al curry, coprire con lattuga, polpette e fette di mango. Metti le metà superiori del panino sopra. Forse bloccato con spiedini di legno.

BURGER DI CECI CON AVOCADO

Porzioni: 5

INGREDIENTI

- 1/2 cucchiaino di zucchero
- 1/2 cubetto (21 g l'uno) di lievito
- 250 g di farina
- sale
- 3 cucchiai di olio d'oliva
- 1 lattina (425 ml ciascuna) di ceci
- 1/2 mazzetto di prezzemolo a foglia piatta
- 1 cucchiaino di cumino macinato
- Uovo (taglia M)
- 1 cucchiaino di scorza di limone bio grattugiata
- sale
- Pepe

- circa 2 cucchiai di pangrattato
- cucchiaio di mandorle a scaglie
- Cipolla rossa
- avocado
- 1 cucchiaino di succo di limone
- 1 manciata di Baby Salad mix
- Olio per friggere
- circa 2 cucchiai di condimento casalingo di base
- cucchiaio di maionese
- cucchiaio di salsa barbecue (ad esempio da Stokes)

PREPARAZIONE

Per gli involtini, mescolare lo zucchero in 150 ml di acqua tiepida. Sbriciolare nel lievito e sciogliere mescolando. Metti la farina e 1/2 cucchiaino di sale in una terrina. Impastare nell'acqua lievitata con il gancio per impastare della planetaria, aggiungendo olio d'oliva. Impastare fino a quando l'impasto è morbido e si stacca dal bordo della ciotola. Coprite l'impasto e fatelo lievitare in un luogo caldo per circa 45 minuti.

Per le polpette, sciacquare i ceci in uno scolapasta con acqua fredda e scolarli. Lavate il prezzemolo, asciugatelo e tritate le foglie. Frulla i ceci, il prezzemolo, il cumino, l'uovo e la buccia di limone con un frullatore a immersione. Condite con sale e pepe energicamente. Incorporare una quantità sufficiente di pangrattato fino a ottenere un composto malleabile. Formare 4-6 polpette piatte. Copri e lascia raffreddare.

Per l'insalata, arrostire le mandorle in una padella fino a dorarle e rimuoverle. Pelare la cipolla e tagliarla a rondelle sottili. Taglia a metà l'avocado nel senso della lunghezza e rimuovi il nocciolo. Rimuovere la polpa dalla pelle con un cucchiaio e tagliarla a pezzi. Condisci con il succo di limone. Lavate e scolate la lattuga.

Impastare brevemente la pasta lievitata, dividerla in 4-6 pezzi uguali e modellare ciascuno in rotoli piatti. Disporre a distanza su una teglia rivestita di carta da forno. Mettete nel forno freddo. Riscaldare il forno (fornello elettrico: 200 ° C / convezione: 175 ° C / gas: vedere produttore). Cuocere gli involtini per circa 20 minuti. Tira fuori e lascia raffreddare.

Poco prima di servire scaldare l'olio in una padella. Friggere le polpette per circa 4 minuti su ciascun lato. Toglietele e scolatele su carta assorbente.

Mescola il condimento della casa con 1 cucchiaio di maionese. Mescolare le mandorle, la cipolla, la lattuga e l'avocado. Aggiustare di sale e pepe. Apri i panini. Distribuire la salsa barbecue sulle metà inferiori. Mettere sopra metà dell'insalata di avocado, la maionese rimanente, le polpette e la lattuga rimanente. Metti le metà superiori del panino sopra. Le patatine fritte di patate dolci hanno un buon sapore.

SWEET BURGER CON FRAGOLE E MANGO

Porzioni: 5

INGREDIENTI

- 150 g di burro morbido
- Zucchero (150g
- la scorza grattugiata di 1 limone biologico
- 3 uova (taglia M)
- 150 g di farina
- 1 cucchiaino di lievito in polvere livellato
- 1 cucchiaio di semi di sesamo per spolverare
- 1 cucchiaio di zucchero grandine per spolverare
- Pergamena
- 100 g di cioccolato bianco
- 100 g di panna montata
- 100 g di frutta da spalmare rossa

- 500 g di fragole
- piccolo Mango
- 1 cucchiaio di sciroppo d'acero
- 1 cucchiaio di succo di limone
- fiocchi di mandorle tostate
- menta

PREPARAZIONE

Preriscaldare il forno per le torte di hamburger (fornello elettrico: 200 ° C / convezione: 175 ° C / gas: vedere il produttore). Foderare due teglie con carta forno. Mescolare il burro, lo zucchero e la scorza di limone con la frusta del mixer fino a ottenere una crema. Incorporare le uova una alla volta. Mescolare la farina e il lievito, setacciare il composto di burro e zucchero e incorporare.

Usa un cucchiaio per posizionare 4-6 grosse quantità di pasta su ciascuna delle teglie con molto spazio. Cuocere una dopo l'altra nel forno caldo per ca. 7 minuti, cospargere con semi di sesamo e zucchero semolato, infornare per ca. Tira fuori, lascia raffreddare.

Per il dolce cioccolato "Mayo" spezzettarlo, scioglierlo a bagnomaria calda e lasciar raffreddare per ca. 4 minuti. Montate la panna. Incorporare delicatamente al cioccolato (non mescolare troppo vigorosamente!). Mescolare fino a che liscio per la crema di frutta dolce "ketchup". Lavate e mondate le fragole e tagliatele a pezzi. Sbucciate il mango, tagliate prima la polpa dal

nocciolo, poi a cubetti. Mescolare la frutta con lo
sciroppo e il succo di limone.

Per servire, posizionare 4-6 metà dell'hamburger su un
piatto con la parte piatta rivolta verso l'alto.
Distribuire il ketchup dolce sopra e sopra con la frutta.
Completare con la maionese dolce. Metti le restanti
metà dell'hamburger sopra. Guarnire con fiocchi di
menta e scaglie di mandorle tostate a piacere.

SWEET BURGER CON FRAGOLE E MANGO

Porzioni: 5

INGREDIENTI

- 150 g di burro morbido
- Zucchero (150g
- la scorza grattugiata di 1 limone biologico
- 3 uova (taglia M)
- 150 g di farina
- 1 cucchiaino di lievito in polvere livellato
- 1 cucchiaio di semi di sesamo per spolverare
- 1 cucchiaio di zucchero grandine per spolverare
- Pergamena
- 100 g di cioccolato bianco
- 100 g di panna montata
- 100 g di frutta da spalmare rossa

- 500 g di fragole
- piccolo Mango
- 1 cucchiaio di sciroppo d'acero
- 1 cucchiaio di succo di limone
- fiocchi di mandorle tostate
- menta

PREPARAZIONE

Preriscaldare il forno per le torte di hamburger (fornello elettrico: 200 ° C / convezione: 175 ° C / gas: vedere il produttore). Foderare due teglie con carta forno. Mescolare il burro, lo zucchero e la scorza di limone con la frusta del mixer fino a ottenere una crema. Incorporare le uova una alla volta. Mescolare la farina e il lievito, setacciare il composto di burro e zucchero e incorporare.

Usa un cucchiaio per posizionare 4-6 grosse quantità di pasta su ciascuna delle teglie con molto spazio. Cuocere una dopo l'altra nel forno caldo per ca. 7 minuti, cospargere con semi di sesamo e zucchero semolato, infornare per ca. Tira fuori, lascia raffreddare.

Per il dolce cioccolato "Mayo" spezzettarlo, scioglierlo a bagnomaria calda e lasciar raffreddare per ca. 4 minuti. Montate la panna. Incorporare delicatamente al cioccolato (non mescolare troppo vigorosamente!). Mescolare fino a che liscio per la crema di frutta dolce "ketchup". Lavate e mondate le fragole e tagliatele a pezzi. Sbucciate il mango, tagliate prima la polpa dal nocciolo, poi a cubetti. Mescolare la frutta con lo sciroppo e il succo di limone.

Per servire, posizionare 4-6 metà dell'hamburger su un piatto con la parte piatta rivolta verso l'alto.
Distribuire il ketchup dolce sopra e sopra con la frutta.
Completare con la maionese dolce. Metti le restanti metà dell'hamburger sopra. Guarnire con fiocchi di menta e scaglie di mandorle tostate a piacere.

BURGER DI SALSICCIA

Porzioni: 4

INGREDIENTI

- 125 g di ravanello
- 1/2 mazzetto di erba cipollina
- 1 confezione (400 g) di coleslaw
- 1 confezione (250 g) di panna acida
- 2 cucchiaini di senape mediamente calda
- 12 (circa 260 g) salsicce di Norimberga
- 4 ° panini per hamburger

PREPARAZIONE

Lavate i ravanelli, scolateli, mondateli e tagliateli a listarelle sottili. Lavate l'erba cipollina, asciugatela e tagliatela a panini. Scolare l'insalata di cavoli, mescolare i ravanelli con l'insalata di cavoli.

Mescolare la panna acida, la senape e l'erba cipollina, tranne qualcosa da spolverare.

Grigliare le salsicce di Norimberga sulla griglia preriscaldata girandole fino a quando non saranno croccanti o friggerle in padella. Tagliate il panino per hamburger orizzontalmente, mettetelo anche brevemente sulla griglia e leggermente arrostito. In alternativa brindisi.

Togliere gli involtini dalla griglia e ricoprire le metà inferiori con un po 'di crema di senape. Metti sopra la salsiccia e l'insalata di cavolo e aggiungi ancora un po 'di crema di senape. Coprite con i panini, servite e spolverizzate con la rimanente erba cipollina.

MINI BURGER

Porzioni: 30

INGREDIENTI

- 25 g di lievito di birra fresco
- 20 g di zucchero
- 50 g di burro
- 250 ml + 2 cucchiai di latte
- sale
- 600 g di farina
- Uovo (taglia M)
- 750 g di cipolle
- 250 g di zucchero di canna
- 150 ml di porto rosso
- Pepe
- Tuorlo d'uovo (taglia M)
- cucchiai di semi di sesamo
- 2-3 cucchiai di aceto balsamico

- 1 kg di carne macinata
- cucchiaio di olio
- 1 mazzo di rucola
- 15 fette di formaggio cheddar (circa 10 g ciascuna)
- Farina per il piano di lavoro
- Pergamena
- Spiedini di legno

PREPARAZIONE

Per gli hamburger, mescolare il lievito con lo zucchero fino a quando non sarà liquido. Scaldare il burro e 250 ml di latte. Versare 125 ml di acqua e lasciar raffreddare tiepida. Metti 1 cucchiaino di sale, farina e uovo in una ciotola. Versare il composto di latte.

Aggiungere la miscela di lievito e impastare immediatamente con il gancio per impastare dello sbattitore manuale per 6-8 minuti fino a formare un impasto elastico. Coprite e lasciate lievitare in un luogo caldo per circa 45 minuti.

Pelare le cipolle, tagliarle a rondelle o affettarle. Mettere in una casseruola con lo zucchero di canna e scaldare per circa 5 minuti. Sfumare con vino Porto, condire con sale e pepe. Cuocere a fuoco lento scoperto per ca. 35-40 minuti.

Lavorate brevemente l'impasto su un piano di lavoro infarinato. Formare l'impasto in ca. 30 pezzi di pasta rotondi e disporli su due teglie rivestite con carta da forno. Coprite e lasciate lievitare per altri 20 minuti.

Montare i tuorli con 2 cucchiai di latte. Spennellate con esso il panino e cospargete di semi di sesamo. Cuocere teglia per teglia una dopo l'altra nel forno preriscaldato (fornello elettrico: 200 ° C / convezione: 175 ° C / gas: vedi produttore) per circa 15 minuti.

Sfornare e lasciar raffreddare su una gratella.

Condire la marmellata di cipolle con l'aceto. Lascia raffreddare. Condire il trito con 2 cucchiaini di sale e pepe. Forma ca. 30 polpettine fuori dall'impasto. Scaldare l'olio in porzioni in una padella grande, friggere le polpette in porzioni per 4-5 minuti girandole.

Scolare su carta assorbente. Dividere la lattuga, lavare, pulire e asciugare tamponando. Tagliate le fette di formaggio in 4 quadrati ciascuna. Tagliare a metà i panini per hamburger trasversalmente. Coprite le metà con marmellata di cipolle, polpette, lattuga e formaggio.

Metti il coperchio. Forse bloccato con spiedini di legno.

BURGER CON HALLOUMI E VERDURE GRIGLIATE

Porzioni: 4

INGREDIENTI

- Zucchine (ca.200 g)
- 1 melanzana
- peperoncino
- 1/4 mazzetto di prezzemolo
- 3-4 cucchiai di succo di limone
- 1-2 cucchiai di miele
- 50 ml di olio d'oliva
- sale
- Pepe
- 4 involtini di ciabatta (circa 60 g ciascuno)
- confezioni (225 g ciascuna) formaggio Halloumi
- 50 g di rucola

- Olio per spazzolare

PREPARAZIONE

Lavate e mondate le zucchine e le melanzane e tagliatele a listarelle nel senso della lunghezza. Tagliare a metà i peperoni, pulirli, lavarli e tagliarli a listarelle di ca. 3 cm di larghezza.

Spennellate una bistecchiera con olio e scaldatela. Arrostire le verdure una dopo l'altra per 3-5 minuti, girandole e togliendole. Lavate il prezzemolo, shakeratelo per asciugarlo, staccate le foglie e tritatele finemente. Mescolare il succo di limone, il miele e il prezzemolo.

Incorporate lentamente l'olio. Aggiustare di sale e pepe.

Mettete le zucchine, le melanzane e il peperone in una ciotola. Versare sopra la vinaigrette e mescolare delicatamente. Coprite e lasciate riposare per circa 2 ore.

Tagliare a metà il formaggio e il panino a metà orizzontalmente. Spennellate la bistecchiera con olio e scaldatela. Arrostire le superfici tagliate degli involtini fino a doratura, rimuovere e tenere in caldo. Spennellare nuovamente la padella con olio.

Friggere il formaggio per 3-4 minuti su ciascun lato.

Lavate e pulite la rucola e scolatela bene. Togliere le verdure dalla marinata e lasciarle scolare un po '.

Distribuire la rucola sulle metà inferiori dell'involtino, adagiare 1 fetta di formaggio su ognuna e adagiarvi sopra le verdure.

Condire con la marinata rimanente e adagiarvi sopra le metà superiori del panino.

BURGER DI CERVO TIRATO

Porzioni: 10

INGREDIENTI

- 2,5 kg Coscia di cervo (disossata)
- paprika affumicata in polvere
- peperoncino di Cayenna
- spezie per pane allo zenzero
- Sale pepe
- 6 cucchiai di olio
- 1 cavolo cappuccio bianco (ca.750 g)
- 4 (ca.250 g) Carote
- 3 cipolle
- 200 g di uva sultanina
- 200 g di creme fraiche di formaggio
- 200 g di maionese per insalata
- 7 cucchiai di aceto di mele
- zucchero

- 2 spicchi d'aglio
- 150 ml di salsa Worcester
- 125 ml di sciroppo d'acero
- 300 ml di ketchup
- 2 mele rosse
- 10 panini per hamburger

PREPARAZIONE

Sciacquare la carne con acqua fredda il giorno prima e asciugare tamponando. Mescolare 3 cucchiaini di paprika, 2 cucchiaini di pepe di Cayenna, 2 cucchiaini di spezie per pan di zenzero, 3 cucchiaini di sale e pepe. Strofina la carne con esso. Metti in una tostatrice. Condire con 4 cucchiai d'olio.

Copri e lascia raffreddare.

Per l'insalata, mondate e lavate la verza, tagliate gli ottavi nel senso della lunghezza e tagliate il gambo. Tagliate o affettate il cavolo cappuccio a listarelle sottili. Aggiungere 1 cucchiaino di sale e impastare bene. Pelare le carote e 2 cipolle, grattugiare entrambe grossolanamente.

Aggiungere alla verza con l'uva sultanina. Mescolare la crème fraîche, la maionese e 4 cucchiai di aceto. Condite bene con sale, pepe e zucchero. Mescolare con l'insalata. Copri e lascia raffreddare.

Per la salsa barbecue, sbucciare 1 cipolla e l'aglio, tritarli entrambi finemente. Cuocere a fuoco lento con salsa Worcester e sciroppo per circa 2 minuti.

Mescolare il ketchup, 3 cucchiai di aceto, 1 pizzico di paprika e 2 cucchiaini di pepe di Caienna. Cuocere a fuoco lento per circa 10 minuti, mescolando spesso.

Preriscaldare il forno il giorno successivo (fornello elettrico: 125 ° C / convezione: 100 ° C / gas: vedere produttore). Coprire la carne nella teglia in forno caldo per ca. 6 ore, spruzzando sul brodo di cottura risultante ca. Ogni ora.

Tira fuori la carne. Tagliarli a pezzetti con due forchette. Aggiungere la salsa barbecue.

Lavate le mele e privatele del torsolo con un taglia mele. Fetta. Scaldare 2 cucchiai di olio in una padella, soffriggere le fette di mela per circa 2 minuti, girandole. Scolare su carta assorbente.

Accendi la griglia. Taglia a metà il panino. Arrostire in forno con le superfici tagliate rivolte verso l'alto. Riscaldare la carne nella salsa. Condisci di nuovo l'insalata di cavoli. Servire gli involtini con lattuga, fette di mela e carne.

PORTOBELLO BURGER

Porzioni: 4

INGREDIENTI

- 4 funghi Portobello (ca.110 g l'uno)
- 2 bistecche di fesa (ca.200 g l'una)
- 2 cucchiai di olio di semi di girasole
- sale
- Pepe
- 2 cipolle rosse
- 75 g di rucola
- 4 cucchiai di ricotta
- Spiedini di legno

PREPARAZIONE

Pulite e spennellate i funghi. Se necessario, taglia i gambi. Tagliare circa 1/4 del coperchio dei funghi orizzontalmente. Asciugare la carne. Scaldare l'olio in una padella, soffriggere le bistecche vigorosamente su ogni lato per ca. 3 minuti, togliere e lasciare riposare per ca. 2 minuti.

Condire con sale e pepe. Pelare le cipolle e tagliarle a rondelle sottili.

Soffriggere le teste di fungo e le fette di fungo nel grasso di frittura caldo, girando, per circa 2 minuti, condire con sale e pepe. Separare la lattuga, lavarla e asciugarla agitando. Tagliate la carne a fettine. Posiziona i cappucci dei funghi su una tavola con le lamelle rivolte verso l'alto.

Distribuire sopra la ricotta. Mettere sopra la lattuga, la carne e le cipolle e coprire con le fette di funghi rimanenti. Attaccare con spiedini di legno e cospargere di pepe.

BAVARIAN BLITZ BURGER

Porzioni: 4

INGREDIENTI

- Lattuga di agnello
- 250 g di insalata di cavolo (ripiano refrigerato)
- 1/2 mazzetto di ravanello
- 125 g di panna acida
- 75 g di senape dolce
- sale
- 4 rotoli di pretzel
- 2 cucchiai di olio
- 4 fette di Leberkäse (ca.100 g ciascuna)
- 4 cucchiai di cipolle arrostite

PREPARAZIONE

Dividere la lattuga di agnello, lavarla e scolarla bene.
Scolare la coleslaw. Mondate, lavate e affettate i

ravanelli. Mescolare la panna acida e la senape, condire con sale.

Tagliare i rotoli aperti e ricoprire tutte le metà con panna acida e crema di senape. Scaldare l'olio in una padella larga. Friggere il Leberkäse per 1-2 minuti su ciascun lato. Coprire la parte inferiore degli involtini con polpettone, lattuga, insalata di cavolo e ravanelli.

Cospargere con cipolle fritte. Metti le metà superiori del panino sopra.

BURGER ITALIANO

Porzioni: 4

INGREDIENTI

- 3 gambi di prezzemolo a foglia piatta
- tuorlo d'uovo freschissimo (taglia M)
- 2-3 cucchiaini di succo di limone
- 100 ml di olio d'oliva
- Spicchi d'aglio
- sale
- Pepe
- 40 g di rucola
- 1 bicchiere (370 ml) di peperoni arrostiti
- cipolle primaverili
- 2 zucchine (circa 400 g)
- Rametto di rosmarino
- 500 g di carne macinata mista
- Uovo (taglia M)

- 1 cucchiaio di pangrattato
- 1 cucchiaio di miele liquido
- 1 cucchiaio (125 g l'uno) di mozzarella
- 4 rotoli di ciabatta rotondi (ca.75 g ciascuno)
- Olio per le mani

PREPARAZIONE

Per la salsa aioli, lavare il prezzemolo, asciugare tamponando e tritare finemente. Mettere il tuorlo d'uovo, 1 cucchiaino di succo di limone e 1 cucchiaio di olio in una ciotola alta e mescolare con un frullatore a immersione. Versare gradualmente 50 ml di olio.

Pelate l'aglio e passatelo con una pressa per aglio. Mescolare l'aglio, il sale, il pepe e il prezzemolo con la salsa aioli. Refrigerare. Pulite la rucola, lavatela e asciugatela, mettetela in un luogo fresco.

Per la salsa, scolare i peperoni in uno scolapasta e tritarli grossolanamente. Mondate e lavate i cipollotti, tagliateli a metà nel senso della lunghezza, tagliateli a listarelle e mescolateli con i peperoni. Condire la salsa con sale e pepe.

Lavate e mondate le zucchine e tagliatele nel senso della lunghezza a fettine sottili. Scaldare 2 cucchiai di olio in una padella larga e friggere le zucchine fino a dorarle, girandole. Togliere dalla padella, condire con il restante succo di limone, sale e pepe, mettere da parte.

Per gli hamburger, sciacquare il rosmarino, asciugare tamponando, togliere gli aghi dal ramo e tritarli finemente. Condire la carne macinata con uovo, pangrattato, sale, pepe, rosmarino e miele e impastare bene. Dividi in 8 porzioni uguali.

Scolare la mozzarella e tagliarla in 6 fette sottili.

Strofina leggermente le mani con olio. Formare la carne macinata in 8 focacce rotonde (circa 12 cm di diametro). Mettere 1 1/2 fette di mozzarella su ognuna delle 4 focacce, adagiarvi sopra la seconda focaccia e premere tutt'intorno in modo che il formaggio sia racchiuso.

Riscaldare l'olio rimanente in porzioni in una padella larga, soffriggere l'hamburger per 6-8 minuti, girando a fuoco moderato. Riscaldare i rotoli sul tostapane e tagliarli a metà trasversalmente. Per prima cosa ricoprire le metà inferiori del panino una dopo l'altra con aioli, quindi ricoprire con rucola, hamburger, salsa di paprika e zucchine.

Metti la metà superiore del panino. Aggiungi il resto della salsa aioli.

BURGER DI POLPETTE CON PATATE DOLCI FRITTE

Porzioni: 4

INGREDIENTI

- 2 patate dolci (ca.500 g)
- 2 cipolle
- 5 cucchiai + 300 ml di olio di girasole
- 1/2 mazzetto di prezzemolo
- 600 g di carne macinata mista
- 1 cucchiaio di concentrato di pomodoro
- 1 cucchiaio di pangrattato
- sale
- Pepe
- 2 avocado (circa 300 g ciascuno)
- 150 g di pomodorini
- spicchio d'aglio

- Succo di 1 lime
- cipolle rosse
- 4 grandi foglie di lattuga

PREPARAZIONE

Pelare le patate dolci, lavarle accuratamente e tagliare gli spaghetti alle verdure con un cutter a spirale. Mettere su una tavola piatta e congelare per circa 30 minuti. Pelare le cipolle e tagliarle a dadini. Scaldare 1 cucchiaio di olio in una padella, soffriggere le cipolle per circa 1 minuto, togliere dalla padella e lasciar raffreddare.

Lavare il prezzemolo, shakerare per asciugare, togliere le foglie dai gambi e tritarle finemente.

Impastare il trito, le cipolle, il concentrato di pomodoro, il prezzemolo e il pangrattato, condire con sale e pepe. Formare 4 polpette della stessa dimensione. Scaldate 4 cucchiai d'olio in una padella capiente, fateci soffriggere le polpette girandole, per circa 7 minuti.

Tagliare a metà gli avocado, privarli dei semi, eliminare la polpa dalla buccia. Schiacciare finemente la polpa con una forchetta. Lavare i pomodori e tagliarli a pezzi grossi. Pelate l'aglio e passatelo con una pressa per aglio.

Mescolare i pezzi di pomodoro e l'aglio nella mousse di avocado. Condire a piacere con succo di lime e sale.

Riscaldare l'olio rimanente in una padella larga a ca. 160 ° C. Friggere le patate dolci in porzioni per 2-3 minuti, toglierle e scolarle su carta da cucina. Pelare le cipolle rosse e tagliarle a rondelle sottili.

Lavare la lattuga e scuoterla per asciugarla. Disporre le polpette sulle foglie di lattuga, guarnire con le cipolle, il guacamole e le spirali di patate dolci.

BURGER DELLA CIALDA AL ROSMARINO

Porzioni: 4

INGREDIENTI

- 100 g di burro morbido
- 9 uova (taglia M)
- 250 g di farina
- 2 cucchiaini rasi di lievito in polvere
- sale
- Pepe
- 1/2 rametto di rosmarino
- 4 pomodori
- 75 g di cipolline
- 4-6 cucchiai di olio
- 2 fette di pane tostato (ca.25 g ciascuna)
- 400 g di carne macinata mista

- 1 cucchiaino di senape mediamente calda
- 1 cucchiaino di paprika dolce
- 25 g di rucola
- 4 gambi di prezzemolo
- 4 fette di pancetta per la colazione (ca.10 g ciascuna)
- Rosmarino per guarnire
- Olio per la piastra per cialde

PREPARAZIONE

Per la pastella per waffle, mescolare il burro fino a renderlo cremoso. Aggiungere 4 uova una dopo l'altra e incorporare. Mescolare la farina e il lievito e incorporare alternativamente con 150 ml di acqua. Condire con sale e pepe. Lasciate in ammollo l'impasto per circa 20 minuti.

Nel frattempo lavate il rosmarino, scuotetelo per asciugarlo, staccate gli aghi dal ramo e tagliatelo molto finemente. Mondate, lavate e tagliate grossolanamente i pomodori. Mondate e lavate i cipollotti e tagliateli a rondelle sottili. Scaldare 1 cucchiaio di olio in una padella, soffriggere i pomodori e i cipollotti per 3-4 minuti, girando, condire con sale e pepe.

Porta fuori, metti da parte.

Mettere a bagno il pane in acqua fredda per le polpette. Impastare bene la carne macinata, la senape, 1 cucchiaino di sale, 1 cucchiaino di pepe, la paprika, 1 uovo e il pane strizzato. Formare 4 grandi polpette piatte da questo.

Mescola il rosmarino nella pastella per waffle. Scaldare una piastra per cialde rettangolare (13 x 21 cm), ungere leggermente e infornare 4 waffle doppi giallo dorato uno dopo l'altro dalla pastella. Mettere da parte.

Scalda 2-3 cucchiai di olio in una padella larga. Soffriggere le polpette a fuoco medio per circa 3 minuti per lato, toglierle e tenerle al caldo. Nel frattempo pulite la rucola, lavatela e scolatela bene.

Lavare il prezzemolo, asciugarlo e tagliarlo finemente.

Lasciare la pancetta croccante in una padella senza grasso, toglierla. Mettere 1-2 cucchiai di olio nella padella, scaldare, friggere le uova rimaste in uova al tegamino, condire con sale e pepe.

Taglia a metà i waffle. Posizionare ca. 1/4 di rucola, un po 'di pomodoro, 1 polpetta, 1 uovo fritto e 1 fetta di pancetta su 4 metà di cialda una dopo l'altra. Cospargere con un po 'di prezzemolo. Metti la seconda metà della cialda come un coperchio.

Guarnire con rosmarino se necessario. Aggiungere il restante composto di pomodoro.

BURGER DI FORMAGGIO DI CARNE CON RAVANELLO E OBATZDA

Porzioni: 4

INGREDIENTI

- 300 g di ravanello bianco
- sale
- 1/2 mazzetto di erba cipollina
- 4 foglie di lattuga
- Scalogno
- 125 g Crema di camembert
- 50 g di burro morbido
- 20 g di formaggio doppia crema caldo in camera
- 20 g di senape dolce (senape bavarese)
- Pepe

- 15 g di burro chiarificato
- 4 fette spesse di polpettone (60-70 g ciascuna)
- 4 rotoli di pretzel (ca.100 g ciascuno)

PREPARAZIONE

Pelare, lavare e grattugiare grossolanamente il ravanello. Cospargere di sale e mescolare. Lavare l'erba cipollina, scuoterla per asciugarla e tagliarla a rotoli fini. Mescolare l'erba cipollina al ravanello, tranne qualcosa da spolverare.

Lascialo in infusione per 5-10 minuti. Lavate e scolate la lattuga.

Pelare e tagliare a dadini lo scalogno. Taglia il camembert a pezzi. Mescolare il burro morbido e la crema di formaggio fino a ottenere una crema. Aggiungere il camembert, la senape e lo scalogno e mescolare con una forchetta. Aggiustare di sale e pepe.

Scaldare il burro chiarificato in una padella. Friggere il polpettone, girandolo, per circa 4 minuti

Dimezza i rotoli di pretzel trasversalmente. Spennellate le metà inferiori con Obatzda. Completare con il polpettone, la lattuga e il ravanello. Cospargere di erba cipollina. Metti le metà superiori del panino sopra

BURGER - SANO, A BASSO CONTENUTO DI GRASSI E DELIZIOSI

Porzioni; 4

INGREDIENTI

- 4 panini (fette biscottate integrali)
- 400 g di carne macinata di tacchino
- 3 cucchiai   quark a basso contenuto di grassi
- Cipolla (m)
- sale
- Pepe
- Curry in polvere
- Paprika in polvere
- Erbe, miste, congelate
- 4 fette / n   Formaggio, 17%

- Pomodori)
- 8 fette / n   Cetriolo (m)
- Cipolla (m)
- 4 fogli Lattuga (lattuga)
- Pasta di pomodoro

PREPARAZIONE

Per le polpette, mescolare il tacchino tritato con il quark magro, la cipolla tritata, le erbe e le spezie e friggere 4 polpette in una padella.

Tosta i toast nel tostapane fino a renderli croccanti (puoi anche usare i toast di grano, poi ovviamente non è più così buono), spalma entrambi i lati con il concentrato di pomodoro e metti 1/2 fetta di formaggio sul lato inferiore. Mettere sopra le polpette calde, posizionare la seconda metà della fetta di formaggio sopra e coprire con fette di pomodoro, fette di cetriolo, lattuga e cipolle. Chiudi e servi.

Accompagna bene un'insalata croccante.

CONCLUSIONE

Nella famiglia degli hamburger leggeri, utilizziamo la panoplia di suggerimenti per gustare senza complessi. In altre parole, la versione mini hamburger di asparagi semi dimagrante, mini hamburger di gamberetti leggerissimi o bocconcini di hamburger dimagranti da beccare! E perché non provare i mini muffin con hamburger al cetriolo? A meno che non si opti per i campioni della dieta, hamburger senza pane, come un hamburger di insalata ultraleggero da addentare, hamburger vegetariani senza pane con melanzane grigliate o hamburger di funghi senza pane leggero. Per quanto riguarda il panino con hamburger, sceglie il vero pane con bistecche di spinaci e un pizzico di broccoli!

Per i buongustai che preferiscono i veri hamburger, resta da optare per un contorno leggerissimo e porzioni limitate. A meno di 300 calorie, addentiamo hamburger

vegetariani con verdure grigliate, hamburger leggeri

senza carne con barbabietola o hamburger dietetici con

pollo e tatziki. Altre idee? Non abbiamo ancora parlato

di hamburger dimagranti di petto di pollo, dagli

hamburger alle tortillas vegetariane di pomodoro, dagli

hamburger alle verdure mediterranee o esprimiamo

come gli hamburger Dukan ...

Lightning Source UK Ltd.
Milton Keynes UK
UKHW020650240521
384262UK00001B/140